나, 스트레스 받았어!

에밀리, 패트릭 그리고 마이클

스트레스 없는 느긋하고 편안한 시간을

엄마 아빠와 함께해 줘서 고맙구나!

GETTING OUT OF A STRESS MESS! A Guide for Kids

written by Michaelene Mundy and illustrated by R. W. Alley

나, 스트레스 받았어!

스트레스를 지혜롭게 다루는 법

미셸린느 먼디 글 · R.W. 앨리 그림 / 노은정 옮김

 비룡소

어린이를 아끼고 사랑하는 모든 어른들에게

어른들은 보통 '애들 팔자가 상팔자' 라고 생각합니다. 어른들의 복잡하고 바쁜 생활에 비해서 아이들의 생활은 아주 편해 보이기 때문이죠. 하지만 사실 아이들은 우리 어른들이 생각하는 것처럼 또 우리가 바라는 만큼 그렇게 편안하지는 않아요.

아이들은 매일 새로운 것들을 경험하고 새로운 지식을 익힐 거라는 어른들의 기대를 받고 자랍니다. 새로운 것을 경험하는 아이들은 그것들을 다 소화해내기가 힘듭니다. 그러나 아이들은 우리 어른들처럼 한 걸음 뒤로 물러나 생각할 수 있는 지혜가 부족합니다.

우리는 아이들에게 다른 집 아이들이 하는 운동이나 공부를 하나도 놓치지 않고 똑같이 경험시켜 주고 싶어 합니다. 이 때문에 아이들은 스트레스를 받게 되는 거죠. 우리 어른들은 아이들을 재촉해서라도 빨리, 많이 배우게 해야 한다고 믿는 경향이 있습니다. 하지만 사실 어렸을 때 받아쓰기 왕이 되거나 연극에서 주인공을 맡아야만 사회에 적응을 잘하는 성공적인 사람이 되는 것은 아닙니다.

아이들에게서 스트레스라는 짐을 덜어 주는 한 가지 방법은 인생을 긍정적으로 생각하도록 아이들을 격려해 주는 것입니다. 아무리 사소한 일이라도 아이들이 노력했을 때나 성공했을 때는 칭찬해 주세요. 또한 무슨 일을 하든지 앞으로 나아질 수 있다는 꿈을 가질 수 있게 아이들의 용기를 북돋워 주는 것도 우리 어른들의 몫입니다. 아이들에게 모든 일에 완벽하지 못하면 세상이 끝장날지도 모른다는 느낌을 줘서는 안 됩니다.

모든 아이들이 항상 "나는 스트레스를 받고 있어요."라고 말하지는 않습니다. 하지만 관심을 갖고 지켜보면 스트레스를 받고 있다는 징조가 보일 것입니다. 우리 어른들이 아이들의 심리적 압박감을 이해하고 '가슴을 짓누르는 스트레스'를 '가벼운 스트레스'로 전환시킬 수 있도록 아이들을 인도하는 데 이 책이 도움이 되길 바랍니다.

— 미셸린느 먼디

스트레스란 무엇일까?

스트레스란 '답답하고 터질 것 같은' 느낌을 말해. 말하자면 가스 레인지 위에서 팔팔 끓고 있는 물 주전자 같은 거야. 물이 끓으면 주전자 뚜껑이 덜덜거리고 부글거리는 소리도 들리지. 이런 '답답하고 터질 것 같은' 느낌은 어른들뿐만 아니라 아이들도 가질 수 있어.

스트레스는 보통 네가 견디기 힘든 일이 벌어질 때 생겨. 한꺼번에 너무 많은 것들이 변한다든지, 너무 시끄럽다든지, 싸움이 너무 많이 일어난다든지, 아니면 숙제가 너무 많다든지 하면 스트레스가 생겨.

스트레스는 뭔가가 부족할 때도 생겨. 숙제 할 시간이 부족하다든지, 경기를 하러 가야 하는데 시간이 너무 모자란다든지……. 별로 쉬지 못했다든지, 아니면 어른들이 네가 경기를 하기에는 너무 작거나 어리다고 여길 때 말이야.

스트레스를 받으면 기분이 어떨까?

스트레스를 받는 것은 걱정을 하는 거랑 비슷한 거야. 달리기
시합에서 1등을 못할까 봐 혹은 야구에서 홈런을 치지 못해서
엄마 아빠 그리고 코치 선생님을 실망시킬까 봐 걱정이 될 거야.
수학경시대회에서 꼭 1등을 하고 말겠다고 생각하면 마음이 몹시
불안해지지.

스트레스를 받는 것은 슬픈 거랑 비슷한 거야. 갑자기 생활이
달라졌을 때, 또 아무것도 할 수 없을 때 넌 슬픔을 느낄 수도
있어. 가슴이 아프고 '울렁' 거리기도 하지.

스트레스를 받으면 어떻게 될까? 몸이 피곤하고 기운이 없거나
마음이 불안하고 뭘 어떻게 해야 할지 모를 수도 있어. 아니면
동생이나 형, 누나하고 자꾸 싸우거나 학교생활이 싫어지기도
하고. 외톨이가 된 느낌이 들 수도 있지.

무엇 때문에 스트레스를 받는 걸까?

교실에서나 경기를 할 때 사람들이 너를 지켜보고 있다고 느끼면
스트레스를 받을 수 있어. 특히 엄마 아빠한테 잘하는 모습을
보여야겠다고 생각하면 더 떨리지.

아주 좋은 일이 생겨도 스트레스를 받을 수가 있어. 즐거운
크리스마스 때나 방학 때 또는 주말에 할머니 댁에 가서 잘 때도
말이야. 스트레스는 보통 때보다 가슴이 많이 뛸 때와 갑작스러운
변화가 생길 때에도 생기거든.

스트레스가 쌓이는 이유를 모르겠다고?

만약에 무슨 소원이든 이룰 수가 있다면 어떤 소원을 빌 거지?
네가 간절히 원하는 소원을 잘 생각해 보면 네가 무엇 때문에
스트레스를 받고 있는지 그 이유를 찾을 수도 있어.

혹시 학교에 가지 않는 게 소원이니? 그렇다면 학교에서 일어나
는 어떤 일이 정말로 견디기 힘들거나 어려워서 스트레스를
받는 것인지도 몰라. 그럴 땐 부모님이나 선생님께 이야기해 봐.
무엇이 너를 괴롭히는지 그리고 어떻게 하면 네 마음이 편해질지
아실지도 모르니까.

괜찮아, 스트레스쯤은 이길 수 있어.

요술 봉을 흔들어서 스트레스를 영원히 날려 버릴 수는 없지만 스트레스를 다루는 법을 배울 수는 있어.

스트레스를 받는 것은 자연스러운 거야. 너만 긴장이 되고 떨리는 기분을 느끼는 것은 아니야. 친구들도 그런 기분이 들고 어른들도 역시 그래. 다른 사람들한테 스트레스를 받을 때 어떻게 마음을 가라앉히는지 한번 물어봐.

그리고 꼭 완벽하지 않아도 돼. 엄마 아빠는 네가 무대에 서거나 타석에 나서는 데 용기가 필요하다는 것을 잘 알고 계셔. 어른들이 너한테 대견하다고 말씀하실 때는 네가 노력하는 모습이 기특하기 때문이야. 연극의 주인공이 되지 못하거나 홈런을 치지 못한다고 해서 모든 것이 끝나는 건 아니야. 네가 잘하든 못하든 엄마 아빠는 너를 여전히 사랑하셔.

잠깐 쉬어 봐.

스트레스가 쌓였을 때는 좀 더 여유를 가지도록 해. 긴장을 풀고
마음을 느긋하게 먹으면 편안하고 평화롭고 마음이 놓여.

좋아하는 일을 해 보는 것도 쉬는 데는 좋은 방법이야. 자전거를
타거나 책을 읽거나 산책을 나갈 수도 있어. 너는 무엇을 할 때
마음이 편안해지니?

동생하고 재미있는 게임을 함께하는 건 어때? 맛있는 과자를
먹으며 만화영화를 보는 것도 좋을 거야. 방을 깨끗이 정리를 해
보는 건? 지금 당장 마음을 편하게 해 주는 재미난 일을 해 보는
건 어때?

스트레스를 표현해 봐!

스트레스를 받고 있을 때 "나, 스트레스 받았어!"라고 말하고 나면 기분이 훨씬 좋아져! 자, 한번 말해 봐. 깜짝 놀랄 만큼 기분이 좋아져.

곧 시험을 봐야 하거나 중요한 야구 시합이 있다면 걱정이 되는 건 당연해. 또 병원에 갈 일이 생기면 겁이 날 거야. 만약 이런 일 때문에 걱정이 되면 엄마 아빠한테 말해. 아니면 이미 그런 일을 겪은 친구하고 이야기를 나눠 봐. 그리고 어떤 일이 생겼는지 물어봐. 무슨 일이 생길지 알면 알수록 덜 떨리게 될 거야.

스트레스를 받으면 하느님에게 털어놔 봐. 하느님은 네 마음속 이야기를 듣고 싶어 하셔. 너를 괴롭히는 것은 무엇이 되었건 하느님께 이야기할 수 있어. 하느님은 너를 사랑하시고 네 마음이 평온해지도록 도와주고 싶어 하셔.

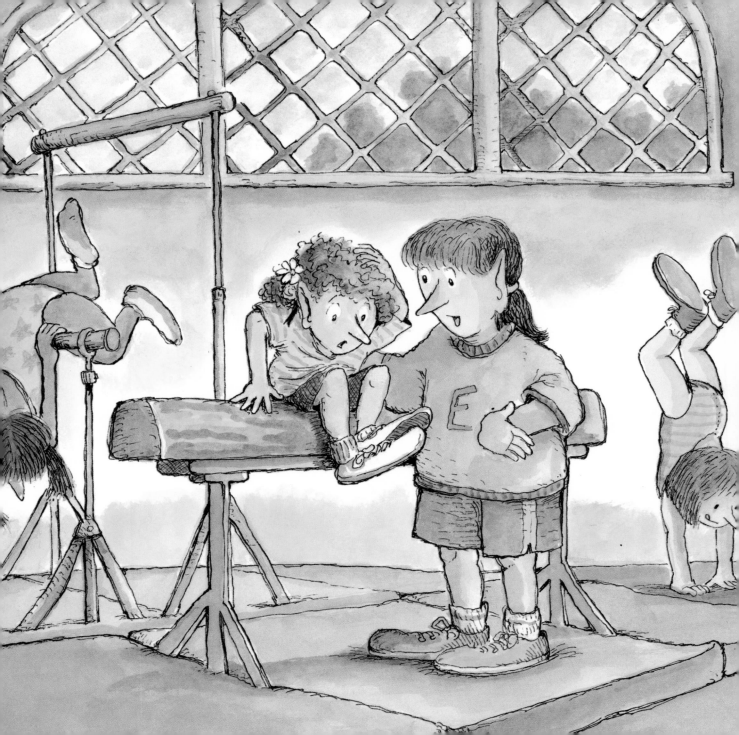

견디기가 너무 힘드니?

운동을 하거나 피아노나 바이올린을 배울 수 있는 건 정말 좋은 기회야. 하지만 네가 쉴 수 있는 시간이 하나도 없고 온통 학원 가는 시간만 있으면 무척 힘들겠지? 너에게도 '너만의' 시간이 필요해. 네가 하고 싶은 일을 할 수 있는 시간 말이야.

부모님을 기쁘게 해 드리려고 힘들어도 참고 그저 노력만 하면 부모님은 네가 학원 가는 것을 좋아한다고 믿으실 수도 있어. 그러니까 너무 힘들면 반드시 부모님한테 말을 해.

네가 배우고 있는 것들을 줄여야 할지 부모님하고 진지하게 이야기를 해 볼 수도 있어. 모두 다 그만둘 필요는 없을 거야. 한 가지만 그만두더라도 긴장을 풀 시간이 생길 거야.

몸과 마음의 균형을 잡아 봐!

스트레스란 어떤 힘들이 여러 방향에서 동시에 너를 미는 것과
같아. 그러니까 '몸과 마음의 균형'을 잃게 될 수도 있지.

몸에 좋은 음식을 먹고 운동을 매일 하면 몸과 마음의 균형을
잡는 데 도움이 돼. 근처에 있는 공원에 가서 즐거운 시간을 보내
봐. 스트레스를 없애는 아주 좋은 방법이거든.

충분히 쉬는 것도 아주 중요해. 몸이 피곤하면 평소에는 아무렇지
도 않던 것도 불편하게 느껴질 수 있거든. 그러니까 실컷 자고
나면 스트레스가 풀릴 수도 있지.

우리는 스트레스를 주지 않는 가족

스트레스는 옮을 수도 있어. 엄마 아빠나 형, 누나, 동생이 엄청난 스트레스를 받고 있다면 너도 눈치를 채게 될 거야. 그러면 너도 덩달아 스트레스를 받을지도 몰라.

스트레스를 받고 있는 가족에게 이렇게 말해 봐. "무슨 일 있었어? 내가 기분을 풀어 줄 수는 없을까?" 이런 마음의 여유도 역시 옮을 수 있어!

요즘은 모두 바빠서 온 가족이 다 함께 시간을 보내기가 힘들지? 엄마 아빠께 일주일에 한 번이라도 가족 모두가 모여서 재미있는 시간을 보내자고 말씀드려 봐.

스트레스 탈출하기

사실 그렇게 어렵지 않은 일도 아주 어렵게 느껴질 수 있어.
숙제나 시험공부 때문에 걱정이 될 때는 걱정만 하지 말고 일단
해 봐! 걱정만 하고 계속 미루다가 한꺼번에 하지 말고. 미루지
않고 한번에 조금씩 하면 스트레스를 훨씬 적게 받아.

꼭 해야 할 일이 엄청나게 많을 때는 그중에 몇 가지를 깜빡할까
봐 걱정이 될 수도 있어. 그럴 때는 해야 할 일을 목록으로 만들면
도움이 돼.

목록을 보면 할 일이 생각보다 많지 않다는 걸 알게 될 거야. 목록
을 만들면 무엇이 정말 중요한 것이고 무엇이 중요하지 않은지 잘
알 수 있어. 그리고 중요한 일들을 잊지 않고 할 수 있어.

스트레스가 쌓이지만 꼭 해야 한다고?

그렇다면 숨을 깊이 들이쉬었다가 천천히 내쉬면서 그 일을
잘하는 네 모습을 머릿속에 그려 봐.

그런 다음에 네 차례가 오면 타석에 서든, 단어의 철자를 맞히든
네가 꼭 해야 하는 일을 하는 거야. 그리고 잊지 마. 꼭 '1등'을
해야만 하는 것이 아니라 노력을 하면 언제든 '이기는' 거야.
이번에는 원하는 대로 되지 않았더라도 다음에는 잘할 수 있을
거야.

해야 할 일이 끝나면 기분도 편하고 마음도 놓이고 긴장도 풀릴
거야. 다음에 네 차례가 오면 스스로에게 말해 줘. "저번에도
했으니까 이번에도 잘할 수 있어!"

웃어 봐, 긴장이 풀리지?

소리 내어 웃으면 긴장이 풀려. 어떻게 하면 웃음이 터져 나올까?
몸을 살짝 흔들어 봐. 아니면 웃기는 이야기를 생각해 봐.

혹시 개나 고양이나 물고기나 도마뱀을 키우니? 그러면 귀여운
동물들이 어떻게 쉬는지 한번 지켜 봐. 애완동물들은 자기 자신을
괴롭히지 않거든. 애완동물들한테서 긴장을 푸는 법을 배워 보는
것도 재미있을 거야!

스트레스 때문에 잠이 잘 안 오니? 그러면 그날 있었던 일 중에서
가장 우스운 일을 생각해 봐. 그러면 빙그레 미소가 떠오르고
걱정거리를 잠시 잊게 될 테니까.

스트레스가 줄어들면 기쁨은 커져!

사람이니까 약간의 스트레스는 항상 받게 마련이야. 해마다
새 학년 새 학기가 되면 처음 학교에 가는 날은 늘 있는 법이지.
새로운 선생님, 시험, 숙제, 발표, 과외 공부 그리고 시합도 너한
테는 스트레스가 될 수 있어. 언제든 새로운 일들과 마주치게
되고 또 생활의 변화를 겪게 될 거야.

무엇 때문에 스트레스를 받는지, 어떻게 하면 긴장을 풀 수 있는
지에 대해서 더 많이 알고 있으면 있을수록 스트레스를 지혜롭게
이겨 나갈 수 있어. 나중에는 스트레스가 생길 것을 짐작해서
미리 준비를 해 둘 수도 있게 될 거야.

그렇게 해서 스트레스가 줄어들면 즐겁게 생활할 수 있고 좀 더
자유로워질거야.

글쓴이 **미셸린느 먼디**

미셸린느 먼디는 대학교에서 초등교육학과 상담학을 공부했어요.
대학교를 마친 뒤 초등학교에서 학습 장애 아이들을 지도했으며 현재는
고등학교에서 상담 교사로 있어요. 세 자녀의 어머니이기도 한
미셸린느 먼디는 아이들의 감정에 관한 글들을 주로 쓰고 있어요.
쓴 책으로『화가 나는 건 당연해!』,『슬플 때도 있는 거야』등이 있어요.

그린이 **R.W. 앨리**

앨리는 어린이 책을 직접 쓰고 그리는 다재다능한 작가예요.
현재는 로드아일랜드의 배링턴에서 아내와 아이들과 함께 살며
책을 쓰고 있죠. 그린 책으로는『화가 나는 건 당연해!』,『슬플 때도 있는 거야』
등이 있어요.

옮긴이 **노은정**

노은정은 연세대학교 영어영문학과를 졸업한 후
현재 어린이 애니메이션 전문 번역가로 활동하고 있어요.
옮긴 작품으로는 「마법의 시간여행」 시리즈와
『영차영차 꼬마 트럭 삼총사』,
『칙칙폭폭 꼬마 기차』 등이 있어요.

1판 1쇄 펴냄—2003년 11월 3일
1판 8쇄 펴냄—2007년 3월 14일
지은이 미셸 린느 먼디 그린이 R.W. 앨리 옮긴이 노은정
펴낸이 박상희 펴낸곳 (주)비룡소 출판등록 1994. 3. 17.(제16-849호)
주소 135-887 서울시 강남구 신사동 506 강남출판문화센터 4층
전화 영업(통신판매) 515-2000(내선 1) 팩스 515-2007 편집 3443-4318~9
홈페이지 www.bir.co.kr

값 7,000원

ISBN 978-89-491-3093-4 77840 / ISBN 978-89-491-3090-3 (세트)